Eckhard Schmidt

Tod = Leben

Eckhard Schmidt

TOD = LEBEN

Impressum

Bibliografische Information der Deutschen Nationalbibliothek:
Die Deutsche Nationalbibliothek verzeichnet diese Publikation in der Deutschen Nationalbibliografie; detaillierte bibliografische Daten sind im Internet über http://dnb.dnb.de abrufbar.

© 2023 Eckhard Schmidt

Lektorat: / Korrektorat: Jana
Herstellung und Verlag: BoD – Books on Demand, Norderstedt

ISBN: 978-3-7392-4523-2

Vorwort

Manch einer behauptet, dass niemand etwas über den Tod wissen kann, denn „es ist noch keiner gestorben und wieder zurückgekommen". Was natürlich Unsinn ist, denn es gibt inzwischen viele Menschen, die zurückgeholt wurden und Erinnerungen mitbrachten.

Und übrigens – wir alle, auch Du, sind bereits mehrmals „gestorben". Wundere Dich also nicht, wenn Du an der einen oder der anderen Stelle das Gefühl hast, dass Du das kennst.

Ja, Du kennst das! Du hast den „Tod" schon oft erlebt. Denn, Du bist nicht Dein Körper, auch nicht Deine Gefühle und auch nicht Deine Gedanken und schon gar nicht Dein Verstand.

Du bist derjenige, der dies alles beobachten kann.

Dein Körper ist wie ein Kleidungsstück, das Du angezogen hast und wenn der „Tod" eintritt, legst Du es ab. Sicherlich hast Du schon oft von „Deinem Körper" gesprochen. Wenn das „Dein" Körper ist, wer bist dann Du? (siehe Literaturhinweise am Ende des Büchleins. „Wer bist Du?")

Der Tod ist eine Art Auszeit, wie das Schlafen, nur in einer größeren Zeitspanne. Schlafen wird ja auch als der kleine Tod bezeichnet, was darauf hinweist, dass beide vergleichbar sind.

Wenn Du also einen Vergleich anstellen willst, dann wird Dir als erstes auffallen, dass der Schlaf dazu da ist, dass Du Dich von den Strapazen des Alltags erholst. Deinen Körper regenerierst und Dich ausruhst. Fit machst für den nächsten Tag.

So ist es auch mit dem Tod. Natürlich alles in einem wesentlich größeren Zeitrahmen. Wenn dein Körper verbraucht ist und Du Dich nicht mehr weiterentwickeln kannst, weil Du Dich schwach fühlst oder weil Du keine Ideen hast, wie Du Dich verbessern und Dein Wissen erweitern kannst, dann brauchst Du eine Auszeit.

Dann wirst Du „sterben", um neue Kraft, neue Einsichten und neue Ziele zu entwickeln.

Hast Du Dich ausgeruht, hast Du Dein Leben bewertet und daraus neue Ziele abgeleitet, dann wirst Du Dir einen neuen Körper erschaffen und mit neuer Kraft darangehen das Leben zu verstehen.

Diese Zyklen von „Tod" und „Leben" werden solange weitergehen, bis Du erkannt hast, was das Leben ist, wer Du bist und warum Du hier bist.

- Wiedergeburt

Inzwischen ist es mehr als bewiesen, dass es keinen Tod im eigentlichen Sinn gibt.

Dies zum Einen durch die vielen Menschen, die Nahtoderlebnisse hatten, und zurück geholt wurden. Alle berichten davon, dass es weiterging.

Dann die vielen, vielen Rückführungen, die in der Reinkarnationstherapie durchgeführt wurden und werden.

Reinkarnation wird auch Wiedergeburt genannt. Die Theorie besagt, dass wir immer wieder neue "Leben" annehmen, uns neue Körper erschaffen.

Ich will Dir ein Beispiel erzählen, dass einen deutlichen Beweis liefert, dass die Theorie stimmt.

In den 60iger Jahren des vergangenen Jahrhunderts wurde eine Hausfrau mittels einer Reinkarnationstherapie behandelt. Sie fand sich in verschiedenen "Leben" wieder.

Auch sah sie sich in Ägypten Leben und berichtete dem Therapeuten ganz Lebendig von ihren dortigen Erfahrungen.

Auf einmal begann sie so zu sprechen, dass der Therapeut sie nicht mehr verstand. Es war ihm nicht möglich auch nur ein Wort zu verstehen.

Da er alle seine Sitzungen auf Tonband aufzeichnete begann er an Universitäten nach Sprachforschern Ausschau zu halten, damit jemand seinen Verdacht bestätigen würde, dass die Patientin eine andere Sprache sprach und nicht nur so vor sich hin brabbelte.

Nach längerem suchen fand er einen Sprachwissenschaftler, der erkannte, dass diese Hausfrau ganz offensichtlich altägyptisch sprach.

Jetzt wurde jemand gesucht, der diese Sprach noch sprechen konnte. Und es wurde auch eine Person gefunden. Wie es verlautete, der einigste aktuell lebende Mensch, der dies noch konnte. Auch ein Sprachwissenschaftler.

Dieser hörte sich das Tonband an und konnte verstehen was die Frau sagte.

Er wurde zur nächsten Rückführungssitzung eingeladen. Die Frau begann wieder in altägyptisch von ihrem "Leben" zu erzählen und nun konnte der Wissenschaftler auf sie eingehen und mit ihr eine Unterhaltung beginnen. Sie berichtete ihm von ihrem "Leben" und ihren Problemen. Er verstand alles.

Dieser Fall wurde ausführlich dokumentiert.

Was meinst Du? Wie kann es sein, dass eine Hausfrau, die keinerlei Fremdsprachen konnte, plötzlich altägyptisch spricht?

Ganz offensichtlich ein klarer Beweis für Wiedergeburt, oder?

Dann gibt es aber auch noch eine Menge Menschen, die sich spontan an eine ferne Vergangenheit erinnern. Meistens behalten diese ihre Erkenntnisse für sich, weil sie bedenken haben, man könnte sie für verrückt halten.

Da stellt sich jetzt die Frage: warum wissen die meisten Menschen nichts davon?

Gute Frage.

Wenn Du Dir jetzt vorstellst, Du wüsstest, dass Du im Jahre anno 1763 ein Landgraf warst und wenn Du dann auch entsprechend Deines damaligen Bildungsstandes verschiedene Fertigkeiten besäßest, wie würde sich das auf Dein aktuelles "Leben" auswirken?

Wahrscheinlich hast Du damals französisch gesprochen. Kannst Du das heute auch?

Oder sagen wir Du warst Schmied. Oder Bauer, oder Folterknecht. Henker.

Wie würdest Du Dich mit diesem Wissen fühlen und wie würde sich dadurch Dein "Leben" verändern?

Übrigens, wir waren alle schon Männer und alle schon Frauen.

Angenommen Du warst einmal ein Folterknecht. Denkst Du das würde Dein jetziges "Leben" belasten? Wenn Du Dich zum Beispiel an die Schreie Deiner Opfer erinnern könntest?

Oder vielleicht warst Du das Opfer?

Wir alle waren schon öfters Opfer und auch Täter. In der Regel ist das in etwa ausgeglichen.

Siehst Du, deshalb hast Du Dich bisher nicht daran erinnern können. Du musstest unbelastet Dein jetziges "Leben" leben können.

Erst wenn Du die seelische Reife erlangt hast, dies zu verkraften und gelernt hast damit umzugehen, können Dir diese Erinnerungen zugemutet werden.

Nachdem es nun klar sein sollte, dass es den Tod nicht gibt, lass uns betrachten wie es weitergehen kann, wenn es soweit ist und Du hinübergehen darfst.

- verschiedene Szenarien, was direkt danach geschehen kann:

Zunächst muss ich Dich darauf hinweisen, dass „tot sein" genauso individuell ist wie am „Leben sein". Jeder lebt und ist tot auf seine ganz spezielle Weise.

An dieser Stelle sollst Du einige Szenarien kennenlernen, die direkt danach geschehen könnten. Es sind aber nur Beispiele, damit Du eine Idee entwickelst, wie das abläuft.

1. ein Bürokrat,

der 40 Jahre an seinem Schreibtisch saß und immer die gleichen Tätigkeiten, Berechnungen, Schreiben etc. ausgeführt hat, stirbt plötzlich und unerwartet.

Er sitzt auch nach seinem „Tod" immer noch in seinem Büro und hat überhaupt nicht gemerkt, dass er gestorben ist.

Er arbeitet weiter und weiter und weiter. Bis er auf einmal bemerkt, dass ihn keiner sehen kann. Das wundert ihn sehr und er kann es nicht verstehen. Mit der Zeit findet er sich damit ab – und – arbeitet weiter.

Irgendwann begegnet er jemandem, der ihm sagt dass der sowieso (sein Name) gestorben ist.

Das schockiert ihn und er sucht seine Familie. Die sieht er nun traurig (oder auch nicht) und er bemerkt, dass er tot ist.

Dies ändert seine ganze Wahrnehmung und er geht weiter...

2. eine Mutter

„stirbt" bevor ihr Kind erwachsen geworden ist. Sie liebte dieses Kind abgöttisch und versorgte und verwöhnte es nach allen Regeln der Mutterliebe.

Sie weiß sofort, dass sie tot ist und hält sich im unsichtbaren Bereich ihres Kindes auf, d.h. das Kind kann sie nicht wahrnehmen, die Mutter das Kind aber sehr gut.

(Sensible Kinder können auch „Tote" wahrnehmen).

Sie sorgt sich um das Kind. Was soll aus ihm werden ohne Mutter? So verbringt sie viele sorgenbelastete Zeit damit bei ihrem Kind zu bleiben, es zu beobachten und durch ihre Gedanken in sein Leben einzugreifen.

Dies gelingt natürlich nicht – oder – vielleicht doch, das eine oder andere Mal. Wenn es so sein sollte wird das Kind aufmerksam auf die Mutter und beginnt ihre Nähe zu spüren.

Wenn nicht, dann bleibt die Mutter jahrelang im Umfeld des Kindes und wird immer teilnahmsloser. Insbesondere dann, wenn das Kind beginnt sie zu vergessen, immer weniger an sie denkt und vielleicht nicht mehr genau weiß wie die Mutter aussah.

Sie fühlt sich auf einmal woanders hingezogen und wird wahrscheinlich ein Licht und verschiedene Wesen, Helfer wahrnehmen.

3. ein Manager

der sein Arbeitsleben lang knallhart sein Unternehmen voran gebracht hat und dabei über „Leichen" gegangen ist, stirbt an einem Herzinfarkt.

Auch er weiß sofort, dass er tot ist. Er hat aber gelernt, dass er entscheidet wie sein Leben verläuft. Das will er jetzt auch im Tod praktizieren.

Er versucht den Tod nach seinen Ideen zu gestalten. Das gelingt scheinbar auch. Jahrelang. Auch er „arbeitet" weiter und hofft, dass er so den Tod überwinden kann. Er ist sich immer bewusst, dass er damit aufhören muss sich etwas vorzumachen, und er sich einem kosmischen Gericht stellen muss, um seine Übeltaten zu rechtfertigen.

Er versucht diesen Zeitpunkt hinauszuzögern solange es ihm möglich ist. Dies kann aus „lebender" Sicht Jahrzehnte lang andauern.

Für ihn scheint dabei keine Zeit zu vergehen. Wenn er dies lange genug durchhält, kommt er in einen Bereich wo er andere Typen seiner Art vorfindet, die alle nicht bereit sind, sich dem Gericht zu stellen.

Er wird es schwer haben weiterzugehen und es kann Jahrhunderte dauern bis er sich dem Gericht stellt.

Es werden ihm immer wieder Hinweise gegeben, dass er sich stellen muss, aber er ignoriert sie alle. Irgendwann dann stellt er sich der Verantwortung und kann endlich weitergehen.

Jetzt stehen ihm die Begleiter (Engel, Meister und andere dort tätigen Wesenheiten) zur Hilfe bereit.

- Frequenzen /Schwingungen

Energie schwingt in Frequenzen. Wenn Du bedenkst, dass alles Energie ist, was wir ja alle in der Schule gelernt haben, dann kannst Du Dir sicherlich auch vorstellen, dass Dein Körper eine ganz bestimmte Schwingung hat.

Diese wird durch Deine Gedanken, Deine Gefühle und Deine Taten erzeugt. Wenn Du dann Deinen Körper abgelegt hast, bleiben immer noch Deine Gedanken und Deine Gefühle, die ja schwingen.

Dein Körper ist also ein elektromagnetisches Feld. Dieses zieht gleiche Felder an und stößt ungleiche Felder ab.

Das kennst Du ja. Es gibt Menschen, die ziehen Dich „magisch" an, andere stoßen Dich total ab.

So ist es dann auch wenn Du hinübergegangen bist. Du wirst dort in eine Art Raum kommen, in dem sich andere Menschen befinden, die eine gleiche Schwingung haben wie Du.

Du kannst es Dir auch vorstellen wie bei einem Radio oder Fernseher. Die verschiedenen Sender befinden sich zwar nebeneinander, aber sind getrennt. In verschiedenen Räumen könnte man sagen.

Wenn Du also „tot" bist, dann kommst Du nach einer bestimmten Zeit in eine Gegend (Raum) wo sich lauter Menschen befinden, die Deiner Schwingung (Frequenz) entsprechen. Die sollten Dir dann alle sympathisch sein.

In „Deinem" Raum wirst Du einige Zeit warten müssen bis Du dran bist. Das wird Dir aber nichts ausmachen, denn Du hast dort kein Zeitgefühl oder besser gesagt, dort gibt es keine Zeit.

- wie es sein sollte:

zunächst solltest Du erkennen, dass Du gestorben bist. Dann könntest Du bei Deiner Trauerfeier anwesend sein und Eindrücke sammeln, wie andere Menschen Dich gesehen haben.

Dabei ist es Dir möglich auch die Gedanken der Trauergäste wahrzunehmen. Danach solltest Du Dich umsehen und nach einem Licht Ausschau halten.

Dann gehst Du zum LICHT und wirst im Licht verschiedene Wesenheiten sehen und einige wiedererkennen.

Du wirst an einer Art Tor abgeholt, von Menschen die Dich geliebt haben und vor Dir „gestorben" sind.

Sie nehmen Dich in Empfang und sind voller Freude darüber, dass Du bei ihnen bist. Sie werden Dir genau erklären wie das dort alles abläuft und Du wirst Dich dabei sehr wohlfühlen, geborgen fühlen.

Du wirst ein zeitlang bei ihnen bleiben bis Du dann weitergehen willst. Du wirst auf Wesen aufmerksam, die schon die ganze Zeit bei Euch waren, sich aber im Hintergrund gehalten haben.

Diese nehmen Dich an die Hand und „gehen" mit Dir zu einer Art Konferenzraum. Dort befindet sich der Karmische Rat.

- der karmische Rat:

dies sind Wesenheiten, die aussehen wie wir, aber eine wesentlich stärkere Ausstrahlung haben.

Sie strahlen Autorität, Aufrichtigkeit und Liebe aus.

Du kannst ihnen vollstes Vertrauen entgegenbringen und das tust Du auch, denn du weißt dass sie dich durch und durch kennen.

In diesem Raum befindet sich eine Art Wand auf der Du jetzt Szenen aus Deinem vergangenen „Leben" sehen kannst.

Es sind Situationen in denen Du Entscheidungen getroffen hast, oder in denen Du jemandem Unrecht zugefügt hast, aber auch solche, in denen Du Dich liebevoll anderen gegenüber verhalten hast.

- Deine Beurteilung Deines Lebens

Nun beurteilst Du diese Situationen. Das Hauptkriterium ist die Liebe.

Wo und wie oft hast Du danach gehandelt? Wo hast Du Liebe verweigert?

Hast Du vielleicht anderen bewusst Schaden zugefügt? Du spürst dabei auch deren dadurch verursachtes Leiden und weitere Konsequenzen Deiner Tat.

Du erinnerst Dich jetzt daran, was Du erlernen wolltest, als Du Dich für dieses Leben entschieden hattest.

Wie nahe bist Du diesem Ziel gekommen? Hast Du alles erfahren was Du Dir vorgenommen hattest?

Während Du dies alles betrachtest und beurteilst, verhält sich der karmische Rat still und hilft bei der einen oder anderen Situation, die nicht eindeutig für Dich zu erkennen ist, wie diese zu bewerten ist.

Es bleibt aber immer Dir überlassen, wie Du es bewertest. Du musst nicht die Bewertung des Rates übernehmen.

Du lernst das Leben zu verstehen und deshalb sind deine Einsichten, das was zählt.

Alles was Du getan hast, hat karmische Folgen, d.h. alle die Ursachen, die Du geschaffen hast, haben Auswirkungen. Dies ist Gesetz und Du kannst nichts daran ändern. Zumindest zunächst nicht.

- Das nächste LEBEN planen

Das Ziel aller Verkörperungen ist immer mehr LIEBE in die Welt zu bringen. Mehr von den göttlichen Energien, LICHT und LIEBE, auf der Erde zu manifestieren.

Auf der Grundlage dieser Zielsetzung hast Du Dein gerade vergangenes Leben beurteilt und danach planst Du auch eine neue Inkarnation.

Dazu suchst Du Dir zunächst die Eltern aus, die Deinen Schwingungen entsprechen. Bei denen Du erkennen kannst, dass sie Deine Zielsetzung fördern.

Die grundlegenden Ziele stehen immer über allem, aber Du hast die freie Wahl, wie Du diese erreichen willst, welche Erfahrungen Du auf dem Weg dorthin erleben möchtest.

Auf den ersten Blick könnte man meinen, dass manche Eltern so überhaupt nicht mit den Schwingungen / Frequenzen ihrer Kinder übereinstimmen. Dass sie keineswegs förderlich für die Kinder sind.

Aber halt, aus der Sicht, die Du im „Tod" hast, sieht die Welt und ihre Ereignisse anders aus. Du hast dort einen tieferen Einblick und erkennst, was das Verhalten der Eltern bei Dir auslöst.

Ich sehe, Du brauchst ein Beispiel: einmal angenommen Du willst mehr über den Sinn des Lebens erfahren, dann kann es sein, dass Du Dir Eltern aussuchst, die Dich zwingen wollen eine Karriere auf einer Bank zu machen.

Vielleicht lässt Du Dich zunächst darauf ein, bist aber dabei unglücklich. Du wirfst die Banklehre hin und Deine Eltern lassen Dich daraufhin hängen, distanzieren sich von Dir.

Das wird höchstwahrscheinlich bei Dir auslösen, dass Du Dich nach dem Sinn des Ganzen fragst. So, und jetzt beginnst Du Deinem ursprünglichen Ziel nachzugehen, nämlich den Sinn des Lebens zu erforschen.

Es kommt also immer auf das Ergebnis an, was die Eltern bei Dir auslösen. Dies ist aber nur ein Aspekt Deiner Wahl. Es gibt weitere, die Du berücksichtigen musst.

Da wäre zunächst einmal...

- karmisches abarbeiten

da Du, aus Deinem Unverständnis was das Leben ist, eine menge Fehler gemacht hast, ist auch eine Menge Karma entstanden.

Karma bedeutet nichts anderes als, dass Du irgendwann einmal ernten musst, was Du gesät hast.

Es spielt dabei keine Rolle ob Du Dir dieser Fehler bewusst warst, oder ob Du es absichtlich falsch gemacht hast.

Ernten musst Du auf alle Fälle. Das Problem dabei ist, dass, wenn Du absichtlich Fehler begangen hast, z.B. jemanden Leid zugefügt hat, dieses mehr Karma erzeugt hat, als wenn Du unabsichtlich jemanden verletzt hast.

Karma bedeutet absolute Gerechtigkeit und Du wirst immer nur das ernten, was Du gesät hast.

Ein Beispiel: wenn Du jemandem aus versehen über den Haufen gerannt hast und dieser sich dabei das Bein gebrochen hat, dann wiegt dies wesentlich weniger schwer, als wenn Du ihm absichtlich umgeworfen hättest und ihm bewusst sein Bein brechen wolltest.

Da Du ja nicht zum ersten Mal „lebst" und manches Karma nicht abgearbeitet werden konnte, hast Du außer dem aktuellen Karma, aus dem gerade vergangenen Leben, auch noch Karma aus anderen Inkarnationen zu berücksichtigen.

Diese Altlasten entstehen dadurch, dass manches Karma sehr schwer wiegt und nur nach und nach erlöst werden kann. Es geht dabei um Ausgleich.

Schräges Karma kann durch „Gutes tun" ausgeglichen werden.

Also wirst Du bei der Planung Deines neuen „Lebens" berücksichtigen, dass Du einiges ausgleichen willst und auch musst. Dann wirst Du noch berücksichtigen, dass Du...

- bestimmte Aspekte des Lebens kennen, erfahren lernen

möchtest. Es könnte sein, dass Du unbedingt erfahren möchtest, wie es sich anfühlt in einer streng religiösen Familie aufzuwachsen oder in Reichtum groß zu werden oder wie sich Armut anfühlt.

Vielleicht möchtest Du gerne erfahren wie es sich anfühlt ein berühmter Sportler zu sein oder Du willst wissen wie sich ein sogenannter Versager fühlt.

Ja, auch so merkwürdige Ideen wie „ein Versager sein zu wollen" könntest Du haben, denn aus dieser Sicht kommt es Dir nicht darauf an, was man im „Leben" als erstrebenswert empfindet.

Aus dieser erweiterten Sicht kommt es immer darauf an, welchen Sinn, welchen tieferen Gewinn Du aus einer Situation entnehmen kannst.

Und dies steht immer im Zusammenhang zu den grundsätzlichen Zielen. Und Du erkennst auch, welches Ereignis zu welcher Erkenntnis führt.

Und dann gibt es da noch Personen mit denen Du noch etwas zu erledigen hast.

- Personen, die immer wieder in neuen Kleidern kommen

Ja, auch die müssen bei der Planung berücksichtigt werden.

Das kann jemand sein, den Du im Mittelalter erstochen hast. Vielleicht aus Eifersucht.

Dieses Karma verschiebst Du seit Deinen letzten drei „Leben", weil es Dir zu schwer erscheint.

Aber irgendwann musst Du es erlösen. Also planst Du es diesmal ein.

Oder es gibt einen Menschen, den Du einst umgebracht hast und der Dich aber auch schon getötet hat.

Und es kann sein, dass ihr dies schon sehr oft getan habt, mal war er der Mörder und Du das Opfer und dann wieder umgekehrt.

Jetzt kannst Du sagen, ja, dann ist ja alles ausgeglichen. Ja stimmt.

Hier ist die Herausforderung mit diesem Menschen zusammenzuleben und es zu schaffen, dass ihr euch nicht schon wieder umbringt.

Wer wen, spielt dabei keine Rolle, sondern es gilt aus dieser Schleife auszusteigen. Sich zu trennen und beide überleben, oder sogar sich zu versöhnen und sich lieben zu lernen, so wie es vielleicht ursprünglich zwischen euch war.

Wie Du siehst gibt es sehr viele Möglichkeiten. Auch solche, die aus „lebender" Sicht unmöglich erscheinen.

Aber sie sind da und müssen bei der Planung berücksichtigt werden.

Jetzt könntest Du denken damit völlig überfordert zu sein. Nein, das bist Du dort nicht.

Wie schon erwähnt, hast Du dort einen ganz anderen Überblick und Du hast den karmischen Rat, der Dir zur Seite steht und Dich auf Begebenheiten hinweist, die Du vielleicht übersiehst.

Dieser Rat hilft Dir auf liebevolle Weise, Deine Planung sinnvoll zu tätigen und dann geht es ab. Ab ins nächste „Leben".

- Perinatale Phase

Egal wie es Dir jetzt erscheint, Du bist dabei, wenn Deine Eltern Dich zeugen.

Dann, während der gesamten Schwangerschaft kannst Du die Stimmen hören und auch schon unterscheiden.

Natürlich die Deiner Mutter, aber auch Stimmen, die häufiger zu hören sind, wie die Deines Vaters.

Du nimmst also bewusst, bereits während der Schwangerschaft Deiner Mutter, an ihrem Leben teil. Als Zuhörer, als eine Art Beobachter, bereitest Du Dich auf die dreidimensionale Welt vor.

Natürlich bekommst Du dabei auch mit, ob Du ein gewünschtes Kind bist, oder ob Abtreibung als Option für Deine Mutter in Frage kommt.

Jeden Streit um Dich und alles was Deine Mutter in dieser Zeit erlebt, bekommst Du mit. Auch ihre Gedanken.

Aber, Du hast Dich ja für diese Eltern entschieden und somit ist es keine Überraschung für Dich. Egal wie Deine Eltern reagieren, Du wusstest das bereits vor Deiner Entscheidung.

Und dann wird es irgendwann extrem eng. Du fühlst Dich nicht mehr wohl, Du willst aus dieser Enge ausbrechen und hast ständig das Gefühl Dich anders legen zu müssen.

Und dann ist es endlich soweit, die…

- Geburt

Eine riesige Energiewelle, Stöße im Körper Deiner Mutter, es geht los.

Nicht nur für Deine Mutter, auch für Dich ist dies eine äußerst anstrengende Erfahrung.

Traumatisch aber auch gleichzeitig eine Erlösung aus der Enge, die zuletzt unerträglich gewesen ist.

Was sich noch schrecklicher anfühlt, ist, dass Du die Geborgenheit des Mutterleibes verlassen hast und Dich nun in einer ungemütlichen Kälte wiederfindest.

Die vielen fremden Stimmen sind auch gewöhnungsbedürftig. „Schau doch mal das liebe Baby..."

„Meinen die mich? Nein, das kann nicht sein, ich bin doch kein Baby".

Wenn Du die Augen öffnest, ist alles irgendwie verschwommen und Dein Verständnis für Deine Situation schwindet auch immer mehr.

Du kannst noch nicht sprechen, aber Du nimmst alles um Dich wahr. Dir will einfach nicht mehr einfallen, warum Du hier bist.

Eben wusstest Du es doch noch. Du weißt, es gibt einen Grund, warum Du ausgerechnet hier gelandet bist.

So oder so ähnlich könnten Deine ersten Erfahrungen in dieser 3D Welt, der materiellen Welt gewesen sein.

In der Regel erinnert sich das Baby noch einige Zeit an alles, dies schwindet aber immer mehr.

Das macht auch Sinn, denn wenn Du Dich an alles erinnern könntest, würdest Du die Erfahrungen, die Du geplant hast, nicht mehr machen können.

Würdest Du Dich erinnern, wer Du bist und warum Du Dich für diese Inkarnation entschieden hast, wäre alles nicht möglich.

Nun bist Du also wieder in einem Körper gelandet und das Spiel geht von vorne los. Ja, genau, das ist alles nur eine Art Spiel und dient Deiner Entwicklung.

Als Kind weißt Du das auch noch, erst später beginnt der „Ernst des Lebens". Eingeredet von den Eltern und den anderen Erwachsenen.

Du glaubst alles was sie über Dich und das "Leben" sagen und verlierst dabei immer mehr die Beziehung zu Deinem wirklichen Sein und dem Sinn Deines Lebens.

Aber das macht nichts, denn es wird der Tag kommen, an dem Dir alles wieder einfällt.

Heute?

Naja, war nur eine Frage.

- Wie es sein könnte

Nun ja, optimal wäre es, wenn Du Eltern hättest, die den Vorgang des Lebens und des Sterbens verstehen würden und Dir helfen würden Dich an alles zu erinnern.

An alles das Du Dir vorgenommen hast und Dir dabei helfen die Erfahrungen zu machen, die Du brauchst und geplant hast.

Auch wenn das den Eltern nicht bewusst ist, so könnten sie doch erkennen, dass sich ein Mensch entwickeln will und das nicht nur als Kind.

Denn es ist ein großer Irrtum, wenn Menschen denken, dass, wenn sie „erwachsen" sind, die Entwicklung zu Ende ist und sie nur noch sehen müssen wie sie für Sicherheit und Einkommen zu sorgen haben. Dies ist schlichtweg falsch. Jeder Mensch soll eine…

- ewige Weiterentwicklung/ Leben

anstreben. Denn ein ewiges LEBEN ist nicht nur möglich, sondern für jeden Menschen vorgesehen.

Du bist hier, weil Du die dreidimensionale, materielle Welt kennen lernen willst. Solange Du neugierig bist und Dich weiterentwickeln willst und ständig Neues dazulernst, dann gibt es keinen Grund dafür, Dich aus dem Spiel zu nehmen.

Dann entwickelst Du Dich so wie es sein sollte. Am Ende einer solchen Entwicklung steht dann, dass Dir einfällt wer Du bist und warum Du hier bist.

Dann drückst Du Dein wahres, göttliches Sein auf vollkommene Weise aus und bist für andere Menschen ein Beispiel wohin ihre Entdeckungsreise gehen wird. Gäbe es da nicht das...

- Problem: Stillstand der Entwicklung

Leider denken die meisten Menschen, wenn sie 18 Jahre alt werden, dass sie jetzt erwachsen seien und dass es jetzt nur noch darum geht einen Beruf zu erlernen und diesen dann bis zur Rente auszuführen.

Einen Beruf, den man nach einer gewissen Zeit „im Schlaf" beherrscht und nichts mehr dazu lernen kann.

So wird das Leben zu einem einzigen Versuch das Erreichte zu halten und auf keinen Fall eine Änderung der Lebensumstände zu erfahren.

Je älter man dann wird, desto dämlicher wird man, so die aktuell vorgegebene Meinung.

Du lässt, nein Du natürlich nicht, Dich in ein Altenheim abschieben und dort verkümmerst Du immer mehr.

Dein Leben hat keinen Sinn mehr und …

- deshalb bekommst Du eine Pause. Der Tod rettet Dich aus dieser Sinnlosigkeit.

Jetzt geht alles wieder von vorne los. Du bewertest Dein Leben und musst feststellen, dass Du jetzt noch mehr Karma, neues Karma erzeugt hast und Du jetzt noch mehr auszugleichen hast.

Aber auch eine neue Chance, eine neue Gelegenheit, weitere Erkenntnisse zu sammeln.

Das Ziel aller Entwicklung: Selbsterkenntnis

Wer bist Du?

Woher kommst Du?

Was machst Du hier?

Während ich dies alles schreibe, habe ich Besuch von jemandem, der sehr genau weiß, was der Tod ist und warum er stattfindet.

Willkommen, lieber Dhorhian. Was möchtest Du zu diesem Büchlein beitragen und, vielleicht stellst Du Dich erst einmal vor?

Danke, lieber Eckhard. Mein Name ist Dhorhian und ich bin ein Todesengel.

Zunächst möchte ich Dir danken, dass Du mich hier zu Wort kommen lässt und vor allem dafür, dass du das Thema Tod behandelst.

Die Menschheit verdrängt den Tod und hat Angst vor ihm, weil sie nicht weiß, wie wichtig es ist, hin und wieder tot zu sein.

Dem, was Du bereits beschrieben hast, habe ich nichts hinzuzufügen. Es entspricht in etwa dem, was geschieht, wenn jemand zu uns herüberkommt.

Ja, der Tod ist genauso individuell wie das Leben. Aber auch bei uns ist es so, dass es große Ströme von Menschen gibt, die teilweise eine gemeinsame Strecke zurücklegen.

Ähnlich wie wenn eine Menge von Menschen sich irgendwohin bewegen, vielleicht in ein Fußballstadion. Alle scheinen den gleichen Weg, das gleiche Ziel zu haben und trotzdem sind sie im Stadion dann doch ganz individuell unterwegs und manchmal fragt man sich ob die wirklich das gleiche Spiel sehen.

So unterschiedlich kann die Interpretation des Spieles sein. Und dieses Phänomen ken-

nen wir hier auch. Also große Ströme von gerade Verschiedenen bewegen sich über eine Brücke, eine große breite Brücke.

Alle in eine Richtung. Je weiter sie in unsere Welt herein kommen, desto mehr verteilen sie sich in die verschiedensten Richtungen.

Viele wissen zu diesem Zeitpunkt noch nicht, dass sie gestorben sind. Dies liegt daran, dass der Tod gleichgesetzt wird mit Bewusstlosigkeit.

Da alle hier bei Bewusstsein sind, kommen die wenigsten darauf, dass sie tot sind. Aber das werden wir ihnen dann schonend beibringen, denn die meisten erschrecken, wenn sie erfahren wo sie sind.

Es gibt sehr, sehr viele Todesengel und wir kümmern uns um jeden Einzelnen mit viel LIEBE und Geduld und ganz individuell.

Jeder hat einen, nur für ihn zuständigen Todesengel, der ihn bis zur neuen Inkarnation begleitet.

Nach einer gewissen Eingewöhnungszeit begleiten wir dann unsere Schützlinge zum karmischen Rat.

Hiervor haben viele Menschen Angst, denn sie denken, dass sie vor ein Gericht gestellt und angeklagt werden.

Aber es ist ganz anders.

Die aufgestiegenen Meister, aus denen sich der karmische Rat zusammensetzt, sind sehr verständnisvoll und würden niemals jemanden verurteilen.

Es ist also keineswegs ein „jüngstes Gericht", wie manche Kirchen es euch weiß gemacht haben.

Es ist mehr so, wie wenn Du eine Arbeit beurteilst. Sagen wir Du hast ein Haus gebaut und jetzt, da es fertig geworden ist, begehst Du alle Räume und schaust Dich um.

Sicherlich fällt Dir dann das eine oder andere auf, was Du hättest besser machen können. Manches kannst Du gleich verändern und manches musst Du Dir vornehmen in deinem nächstes Haus anders zu machen.

Es ist ein verständnisvolles gemeinsames besprechen deines vergangenen Lebenszyklus. Mehr nicht.

Auch wenn Du erkennen musst, dass Du wieder einiges falsch gemacht hast und Du mehr Karma (Ausgleich) angehäuft hast.

Wichtig ist, dein Überblick, den Du über Dich und deine Leben hast.

Es tut sehr gut, so bewusst zu sein und so genau zu wissen welchen Sinn das alles hat.

Du kannst also davon ausgehen, dass Du Dich bei der Beurteilung ziemlich gut fühlst.

Bei uns weißt Du sehr genau wer Du bist, woher Du kommst und was Du auf der Erde vor hast.

Der karmische Rat betreut Dich und berät Dich bei diesem Vorgang. Etwa so, wie ein Coach jemanden betreut, der in eine neue Lebenssituation wechseln muss.

Es gibt eine Menge Menschen, die sich selbst Rechenschaft ablegen, solange sie noch im Körper wohnen. Dies ist sehr hilfreich, später beim karmischen Rat, aber nicht oder nur wenig im Alltagsleben.

Es fehlt an Übersicht und an Ehrlichkeit.

Leider machen sich viele Menschen selbst etwas vor. Sie haben Angst davor sich Fehler eingestehen zu müssen und Angst vor Strafe.

Dies ist aber völlig überflüssig und niemand wird je bestraft werden.

Aus Fehlern zu lernen, das ist das Ziel, und sie dann nicht mehr zu machen.

Ja, es gibt natürlich auch einige Menschen, die absichtlich Böses tun und es auch nicht bereuen. Aber das sind im Verhältnis zu der Menge Menschen, die hier stündlich eintreffen, nur sehr wenige.

Diese gehen dann einen besonderen Weg und werden von den anderen getrennt.

Nun bleibt noch offen zu beschreiben, wie es für uns am Erfreulichsten wäre, wie ihr vorbereitet zu uns kommen solltet.

Vor allem solltet ihr keine Angst haben, wir beißen nicht. Im Gegenteil wir freuen uns über jeden, dem wir weiterhelfen können.

Dann solltet ihr auch akzeptieren, dass ihr tot seid. Manche kämpfen und hoffen dadurch wieder lebendig zu werden. Dabei sind sie völlig lebendig.

Und auf die Erde kommt man so auch nicht wieder zurück.

Also, das wären eigentlich alle Vorbereitungen, die Du treffen könntest. Angstfrei deinen Tod akzeptieren. Mehr brauchen die Menschen eigentlich nicht zu tun.

Für alles Weitere sind wir dann zuständig und wir wissen genau, was die Verstorbenen benötigen und versorgen sie mit allem.

Der sogenannte Tod ist eine Ruhepause, ähnlich wie der Schlaf. Nur in einem größeren Zeitrahmen.

Du kommst zurück und bist wieder voller Energie und Tatendrang. Bedenke, wie viel Energie ein Kind mit auf die Welt bringt. Nun, es ist gut ausgeruht.

Und Du kommst zurück, das wirst Du nicht verhindern können, außer Du erreichst das Ziel: Selbsterkenntnis.

Dann bist du frei von einer neuen Inkarnation. Dann steigst Du auf, in höhere Welten mit wesentlich angenehmeren Lebensbedingungen, als die auf der Erde.

Diese werden allerdings in naheliegender Zeit um vieles verbessert werden. Die Erde soll ein Stern der Freiheit, der Liebe und des Friedens werden.

Daran wird auf allen Ebenen gearbeitet. Das tust Du ja auch gerade.

Dann möchte ich Dir noch einmal Danke sagen, dass ich hier etwas dazu beitragen durfte dem Tod seinen Stachel zu entfernen.

- Wo also ist ein Stachel?

Danke, lieber Dhorhian für Deine interessanten Ausführungen!

Ja, der Stachel. Dies ist jetzt das richtige Stichwort. Wo ist er? Also der Tod selbst hat keinen Stachel, das sollte nun jedem klar sein. Dennoch gibt es einen:

die Trauer der Hinterbliebenen.

Aber ein Wiedersehen ist vorprogrammiert und der Verstorbene geht nur auf eine Reise.

Der Zeitraum ist zwar viel größer, die Freude beim Wiedersehen dann aber auch.

Wenn Du jemanden sehr liebst und er geht auf eine lange Reise, sagen wir nach Australien, dann bist Du sicherlich auch traurig.

Aber Du gönnst ihm oder ihr auch diese neue Erfahrung in dieser anderen Welt. Und Du weißt er wird zurückkommen und Dir viel von seinen Erlebnissen berichten.

Du freust Dich darauf ihn/sie wiederzusehen. Vielleicht schreibst oder telefonierst Du zwischendurch mit ihm oder ihr und fragst wie er/sie sich fühlt.

- Kontakt zu einem Verstorben aufnehmen

Das kannst Du auch mit Verstorbenen, telefonieren.

Nun, nicht direkt mit dem Telefon, sondern wesentlich einfacher. Du brauchst nur an einen Verstorbenen zu denken und er wird aufmerksam auf Dich.

Dann kannst Du auch schon mit ihm sprechen. Und ihn auch vor Deinem geistigen Auge sehen. Er sieht Dich auch.

Erzähle ihm wie es Dir geht und frage ihn was er da so macht. Frage ihn ob er andere Verstorbene dort getroffen hat. Frage ihn alles, was Dich an seiner Situation interessiert.

Und dann, wenn Du auch hinübergehst, wirst Du ihn wiedersehen.

Es wird eine sehr große Freude und auch Erleichterung sein, wenn Du ihn wiedersiehst.

Treffe ihn sooft wie Du willst und auch zu jeder Tages- und Nachtzeit. Er lebt jetzt in einer zeitlosen Welt und ist jederzeit ansprechbar.

Aber bedenke auch, er ist jetzt sehr weit weg. Viel weiter als Australien. Spreche also nicht andauernd mit ihm, das kostet zuviel Energie.

Was Du auch beachten musst, ist, dass er Dir keine Ratschläge erteilen kann und schon gar nicht irgendwelche zukünftigen Ereignisse vorhersehen kann.

Er lebt jetzt in einer anderen Welt und kann Deine Lebenssituation nur bedingt beurteilen.

Du kannst mit ihm über alles sprechen, aber erwarte nicht, dass er Deine Probleme lösen kann.

Viele Menschen „telefonieren" mit ihren Angehörigen, wenn sie vor deren Grab stehen. Das ist gut und auch realistisch.

Also auch das ist kein ernst zu nehmender Stachel.

Der oder die Verstorbene ist auf einer langen Reise. Du wirst sie/ihn aber wiedersehen. Ganz bestimmt.

- Eine Warnung:

Selbstmord ist Mord und wird karmisch genauso wirken.

Auf diese Idee könntest Du kommen, weil Deine aktuelle Lebenssituation schwierig oder fast unerträglich scheint und Du jetzt weißt, dass der Tod Dir eine Ruhepause verschaffen kann.

Aber man kommt immer dahin, wo die Menschen sind, die Deinen Schwingungen, Frequenzen entsprechen.

Bei einem Selbstmord wirst Du auf einer Ebene landen, auf der sich die Mörder aufhalten.

Dann gehst Du einen anderen Weg als den normalen. Und – Deine schwierige Lebenssituation wirst Du trotzdem nicht los.

Du wirst sie in einer neuen Inkarnation lösen müssen. Unter schwierigeren Umständen, denn jetzt hast Du zusätzliches Karma mitgebracht.

Zusätzlich durch den Selbstmord. Aber, wer das Leben versteht, wird niemals auf eine solche Idee kommen.

Und Du verstehst das LEBEN ja jetzt bereits deutlich besser, nicht wahr?

- Zusammenfassung

Also, das was Du bisher Tod genannt hast, gibt es überhaupt nicht.

Du lebst und das wirst Du immer tun. Nur die Form, Dein Körper, wird sich entsprechend deinem Bewusstsein und Entwicklung ändern.

Der Tod ist lediglich eine Art Schlaf, der nur einen wesentlich größeren Zeitraum umfasst.

Er stellt eine Auszeit dar, in der Du Gelegenheit hast Deine vergangene Inkarnation („Leben") zu bewerten.

Was hast Du gut gemacht und was war weniger gut. Sowohl das Gute wie auch das weniger Gute haben ein Karma zur Folge.

Das Gute stellt eine Art Guthaben dar, das Du mit in Deine neue Verkörperung nimmst.

Das weniger Gute musst Du auch mitnehmen und dafür einen Ausgleich finden.

Ein Beispiel: Du hast in der vergangenen Verkörperung jemandem seelisch sehr weh getan. Vielleicht Deinem Ehepartner.

Dann wäre ein Ausgleich, dass Du in der neuen Körperlichkeit von Deinem derzeitigen Partner genauso weh getan bekommst, damit

Du lernst wie weh das tut, was Du früher Deinem vergangenen Partner angetan hast.

Oder einfacher ausgedrückt, warst Du einst Täter, so kannst Du dies ausgleichen, indem Du nun Opfer wirst.

Dieser Ausgleich muss stattfinden, weil Du lernen musst, verstehen musst, wie Deine Taten anderen gegenüber sich anfühlen, welche Konsequenzen diese erzeugen.

Es ist aber auch eine Frage von Energie, denn alles ist Energie. Dies gilt auch für die guten Taten.

Diese nimmst Du mit und mit der Zeit (Jahrhunderte oder noch mehr) summieren sich Deinen Schwingungen, werden immer besser, immer feiner.

Dann, wenn Du hoch genug schwingst, wirst Du aufsteigen, ähnlich wie Du das von Jesus gehört hast.

Kurz bevor es soweit ist, wirst Du auch ähnliche Wunder vollbringen können. Dann musst Du Dich nicht mehr verkörpern, denn Du hast dann alles gelernt, was Du hier auf der Erde lernen solltest und kannst.

Dies bedeutet in erster Linie, dass Du dann weißt wer Du bist, woher Du kommst und was Du hier willst.

Du kannst Deinen Aufenthalt auf der Erde als Schulung ansehen, die über Jahrhunderte hinweg stattfindet.

Dies scheint ein riesiger Zeitraum zu sein, aber gemessen daran, dass Du ewig lebst, ist dieser eher gering anzusehen.

Damit ist der Sinn des Lebens beschrieben und Du weiß was Du hier willst.

Fehlt nur noch wer Du bist (Wer bist Du? Ein weiteres Büchlein, das Dir weiterhelfen kann. Ebenfalls bei BoD erschienen).

Also, wie Du siehst, brauchst Du nicht im Geringsten Angst vor dem sogenannten Tod zu haben.

Ich wünsche Dir viel Spaß beim Lernen und Erkennen!

Solltest Du ein Gespräch brauchen, dann melde Dich gerne.

Vielleicht bis dahin,

ICH BIN Eckhard

Anlagen

Die nachfolgenden Literaturhinweise sind dafür gedacht, dass Du miterleben kannst, wie Menschen leben, die erkannt haben wer sie sind und was sie hier machen. Sie werden Meister oder aufgestiegene Meister genannt. Sie sind Menschen, die, wie Jesus von Nazareth, die materielle Welt völlig zu kontrollieren verstehen.

Wer sich weiter über den Tod oder Reinkarnation informieren will, der sollte Bücher von

- Elisabeth Kübler Ross
- Raymond Moody
- Dr. Brian Weiss

lesen. Es gibt natürlich weit mehr Autoren die darüber schreiben. Diese sind wohl die bekanntesten.

Bücherliste

Leben und Lehren der Meister im Fernen Osten,

erschienen im Schirner Verlag. Von Baird Spalding.

https://www.schirner.com/katalog/Leben-und-lehren-der-meister-fernen-osten-p-21415.html

Dann, im Saint Germain Verlag die Bücher von Godfrè Ray King:

Enthüllte Geheimnisse

https://www.saint-germain-verlag.de/enthuellte-geheimnisse.html

Die magische Gegenwart

https://www.saint-germain-verlag.de/magische-gegenwart.html

ICH BIN

https://www.saint-germain-verlag.de/33-reden.html

Wer bist Du?

https://www.bod.de/buchshop/wer-bist-duo-eckhard-schmidt-9783756217878

Es gibt auch Filme auf DVD die Dir einigermaßen zeigen, was nach dem „Tod" auf Dich zukommt.

„Defend your Life (Verteidige Dein "Leben"), „Ghost" und „Die Hütte"

So, dann kannst Du Dich auch noch bei mir melden, wenn Du das Bedürfnis hast über Deine spezielle Lage zu sprechen.

www.aufstiegscoach.de

Bleibt nur noch, Dir ein fröhliches Aufwachen zu wünschen. Sei gesegnet!

ICH BIN Eckhard